PARA UMA FENOMENOLOGIA DO ESPAÇO

PARA UMA FENOMENOLOGIA DO ESPAÇO

JONAS TADEU SILVA MALACO

PARA UMA FENOMENOLOGIA DO ESPAÇO

Alice Foz
2020

Alice Foz

Travessa da Vitória, 15/2
4900-567, Viana do Castelo, Portugal

Rua Voluntários da Pátria, 31/501
22270-000, Rio de Janeiro, RJ, Brasil

alicefoz@gmail.com

ISBN 978-989-99931-6-7 (EPUB)
ISBN 978-85-902741-5-5 (brochura)

O texto segue a 5ª edição do Vocabulário ortográfico da língua
portuguesa (VOLP) da Academia Brasileira de Letras (ABL), que incorpora as bases do
Acordo Ortográfico da Língua Portuguesa aprovado em 1990.

CONTEÚDO

Ao leitor

Em 1989, foram lançados, em circulação restrita, dois textos reunidos sob o título *Ensaios para uma fenomenologia do espaço*. Estruturados em parágrafos curtos e numerados, foram tidos como inspiradores por quem a eles teve acesso. Mais tarde, com algumas modificações enfocando diferentes aspectos — acréscimos e supressões, a inversão da ordem e a transposição de alguns parágrafos, os diferentes nomes para os capítulos, etc. —, com o acréscimo de três novas partes e sob a forma discursiva, transformaram-se no ensaio *Espaço, propriedade, liberdade*, publicado em 2003[1].

O texto ora apresentado é o conjunto de 1989, com as alterações feitas para o ensaio de 2003 apontadas pela editora, em notas de rodapé. As três partes adicionais são apresentadas como anexos.

Alice Foz

---

[1] MALACO, Jonas Tadeu Silva, *Dois Ensaios: Cidade / Espaço, propriedade, liberdade*, São Paulo, Alice Foz, 2003.

I. DA APROPRIAÇÃO E LIBERDADE[2]

1. O vazio

§ 1   Temos um corpo.

§ 2   Distinto de todos os outros é o corpo que é o nosso por ter o predicado de ser nosso. Com ele constituímos unidade.

§ 3   Dos demais corpos é o nosso corpo separável.

§ 4   Separáveis são também entre si os corpos que não o nosso.

§ 5   São os corpos separáveis. O nosso dos outros que não o nosso, estes entre si.

§ 6   Separado, o nosso corpo está aqui, estando os outros lá e acolá. Há um aqui, um lá, um acolá. Assim estão separados os corpos.

§ 7   Entre o lá e o aqui, o aqui e o acolá, etc., há espaço.

---

[2] Este ensaio veio a ser o primeiro capítulo do *Espaço, propriedade, liberdade* com o título *O vazio e os corpos*.

§ 8   O que separa os corpos é espaço.

§ 9   Podem os corpos negar a separação em que se encontrem: podem relacionar-se.

§10   Este aqui, o nosso corpo, estabelece relações com os outros corpos pelo ver, tocar, cheirar, etc.

§11   Com tais ações o espaço é atravessado.

§12   Para que toquemos algo, é preciso atravessar o espaço que há entre nós e esse algo. E se vemos alguma coisa, é também porque é atravessado o espaço que há entre nós e ela.

§13   É assim o espaço permeável às nossas ações.

§14   Os corpos, pelo contrário, não são permeáveis.

§15   São opacos à nossa visão, impenetráveis para nosso movimento.

§16   As coisas materiais são a opacidade que vemos mergulhada no espaço.

§17   Quando vemos algo, o que vemos, na realidade, é um limite. Aquele algo que vemos não nos permite ver além — através dele; não enseja o ver aquilo que se encontra depois dele e que ele esconde com sua presença. O que vemos — aquele algo visto — limita a ação nossa de ver que nele mesmo termina.

§18   E assim como não vemos além, não vemos também o interior
das coisas. O que vemos é só sua superfície exterior. São as
coisas, quando as vemos, quando vemos sua superfície sob
a luz[3], impenetráveis em sua interioridade.

§19   As coisas materiais são obstáculos. Contrapõem-se ao movimento de nosso corpo.

§20   No espaço ele se dá sem impedimentos; com a presença de
alguma coisa, encontra obstáculo.

§21   Enquanto caminhamos e o fazemos sem oposição, sem que
a ação nossa de caminhar encontre obstáculo ou impedimento,
esse caminhar é caminhar no espaço. Quando o nosso caminhar depara com algum obstáculo, está lá a coisa — alguma
coisa —, qualquer coisa a se fazer presente exatamente por
esse impedimento à nossa ação.

§22   São as coisas opacidade, marco que dá termo. São exteriores
e impenetráveis. Contrapõem-se, existem como contraposição, como impedimento.

§23   A falta desse impedimento ou a inexistência dos obstáculos
que, para nós, são as coisas — essa franquia — é espaço.

§24   E é como inexistência das coisas materiais ou dos corpos que
o espaço é dito incorpóreo ou imaterial, ou ainda o vazio.

---

[3] Foi acrescentado, entre travessões: "e é só o que vemos".

§25 É o espaço um vazio, um vazio das coisas.

§26 Nesse vazio "nada há", nada se opõe à nossa ação. Nele, ela se dá sem impedimentos ou obstáculos. E simplesmente por isto, por esta ausência de oposição ou impedimentos e obstáculos, podemos dizer que o vazio — o espaço — é próprio à nossa liberdade.

§27 Há, como veremos, outras espécies de liberdade. Desta, a de agir sem impedimentos, presenteia-nos o vazio — o espaço.

§28 É a liberdade no vazio.

§29 É uma liberdade negativa.

§30 Trata-se de negação de negação, da negação da contrariedade que são as coisas.

§31 E, como contrariedade, são as coisas o limite dessa liberdade.

§32 Pode esse limite se constituir em um "envoltório". Pode ser uma "figura".

§33 O envoltório envolve-nos; a figura, nós a envolvemos.

§34 Assim nos *de*-terminam as coisas: determinam o término de nossa ação enquanto envoltório que não atravessamos, ou como figuras que envolvemos, mas não penetramos.

§35 Esse termo que são as coisas é o limite de nosso espaço, que assim é finito.

15

§36 É finito o vazio pelo limite das coisas: é finita a nossa liberdade nesse vazio.

§37 Nessa finitude, está esta nossa liberdade[4] que, assim, também é finita.

§38 E nessa finitude estamos sós: as coisas lhe são exteriores; não as temos como companhia. É a liberdade de estar só.

§39 Estamos sós; é só com "nós mesmos" que estamos: estamos só conosco. Cada um de nós está consigo; é só consigo mesmo que está: é só a si mesmo que tem.

§40 Só temos a nós mesmos; nada temos conosco.

§41 É essa uma liberdade das coisas, em relação a elas; é uma liberdade que se vive na ausência das coisas.

§42 A solidão de nós mesmos, a liberdade pela inexistência das coisas — esse vazio — é esta uma primeira vivência daquilo que nomeamos com a palavra espaço.

---

[4] Acrescentou-se, entre travessões: "a liberdade no vazio".

2. A subordinação dos corpos

§ 1   São as coisas impedimento, oposição, mas não só. Podemos observar que, de fato, são elas também passíveis de submissão à nossa vontade.

§ 2   Sobre elas podemos estender nossa liberdade, como que penetrá-las por nosso querer.

§ 3   Podemos possuí-las. Demo-nos "o direito" de nos assenhorarmos de todas as coisas. A sua resistência à nossa vontade, existindo, é concebida como precária. Acreditamos sempre que, se não já, logo mais, poderemos submetê-las.

§ 4   Cada um de nós, cada eu em particular, considera-se como podendo ser negado só provisoriamente pelas coisas. Sobre elas podemos afirmar nosso querer.

§ 5   E se o fazemos, se afirmamos nossa vontade sobre as coisas, é porque entendemos que só momentaneamente podemos viver numa relação simples conosco mesmos.

§ 6   Temos um corpo, que é com o que mais imediatamente nos relacionamos, formando com ele unidade indissolúvel.

§ 7   E, enquanto corpo, não podemos nos conceber sem estarmos com as coisas de que ele, corpo, necessite para sua conservação. Devemos, por isso, entrar em relação com elas.

§ 8   Podemos[5] fazê-lo e o fazemos: nós as tomamos como nossos objetos. Fazemos com que participem de nossa atividade de autorrecriação.

§ 9   Assim, internalizam-se as coisas na ação de nossa reprodução.

§10   Na fruta, temos o alimento e também a cura de nossa doença, e ainda o ornamento de nossa pele ou o tecido com que a cobrimos. Na rocha temos o minério que nos dará os metais. Nos mares e rios encontramos alimentação a ser subtraída astutamente. Nos animais em geral, a carne que dará força à nossa própria carne, etc.

§11   Apropriadas ao nosso uso, podem ser as coisas por si mesmas. Basta, então, tomá-las e usá-las.

§12   Se não o forem, é preciso fazer com que o sejam.

§13   No primeiro caso, nosso trabalho restringe-se à escolha e à coleta; ao abrigo também, se for questão de não as consumir imediatamente e guardá-las.

§14   No segundo caso, trata-se do fabrico.

§15   De uma forma ou de outra, por si mesmas ou pelo fabrico, temos as coisas como matérias apropriadas ao nosso uso: são coisas próprias à nossa utilização, o que temos.

---

[5] Na versão de 2003 o trecho é antecedido por "Precisamos fazê-lo".

§16   Enquanto tais, enquanto *a*-propriadas às nossas necessidades, elas se nos fazem próprias.

§17   E fazem-se próprias em função daquilo que nos é próprio.

§18   É próprio ao homem o alimentar-se, é sua propriedade alimentar-se: apropria-se das matérias próprias à sua alimentação.

§19   É próprio ao homem vestir-se, é sua propriedade o vestir: apropria-se das matérias próprias para a sua vestimenta.

§20   Como próprias determinam-se as coisas, primeiro, por suas características intrínsecas: a qualidade de sua matéria e a sua forma prestam-se ao nosso uso.

§21   Segundo, pela sua posição referenciada a nós — por sua qualificação posicional. Não nos alimentará a maçã caso não possamos tomá-la com as mãos e levá-la até a boca. A maçã, aquela específica maçã que se prestará à nossa alimentação, recebe a qualificação para tanto também por sua posição.

§22   A posição define mesmo uma coisa como própria ou então imprópria ao nosso uso[6], ainda que intrinsecamente possua todas as qualidades por nós requeridas.

§23   A posição é uma qualidade essencial da coisa no que diz respeito ao nosso uso.

---

[6] Foi acrescentado: "podendo algo não ser apropriado ao nosso consumo só por sua localização".

§24 E como nos relacionamos com uma pluralidade de coisas, entrando com elas em relações complexas, importam-nos as posições relativas dos objetos com que nos envolvemos.

§25 Assim aparecem as coisas como pluralmente configuradas.

§26 Algumas dessas configurações têm formas mais ou menos fixas e recebem nomes próprios. É o que temos por "celeiro", "casa", etc.

§27 É o celeiro o lugar de armazenamento de matérias apropriadas à produção de nossa alimentação. Nós as produzimos e depois as recolhemos no celeiro: lá estão guardadas. Esse lá que é o celeiro é um lugar referido a outros lugares: aos nossos campos, à nossa casa, etc. Esse lá que é o celeiro é também um complexo de coisas arranjadas com a finalidade de celeiro: são as vigas, portas, janelas, etc. coexistindo em uma ordem que dá ao todo que constituem a qualidade de servir como celeiro.

§28 Outro tanto se poderia dizer da casa.

§29 A esses agregados de coisas dadas como apropriadas ao nosso uso, ou que estejam dispostas conforme as necessidades de nosso serviço, também nomeamos com a palavra espaço.

§30 Não é mais a palavra utilizada naquele sentido simples de nossa liberdade de movimentos. Adquire outra significação.

§31 Ao que indicávamos com a palavra espaço atribuíamos a característica essencial de não oferecer nenhuma oposição à nossa ação. Entendíamos que ela estava a nomear o que considerávamos como algo próprio à nossa liberdade, tendo-a exatamente como ausência de impedimentos e obstáculos.

§32 Era então o espaço entendido como exclusivo em relação às coisas. Estas, contrariamente a ele, caracterizavam-se pela contraposição; eram exteriores e impenetráveis.

§33 Naquela primeira acepção, o espaço aparecia-nos como uma espécie de desdobramento imaterial de nós mesmos.

§34 Agora, observamos que uma espécie de desdobramento material nosso, abarca também as coisas.

§35 É já com a finalidade de fazê-las participar da nossa própria atividade de criação e recriação que nós as conhecemos. E conhecê-las, desde logo, é como penetrá-las por nossa visão. É descobrir-lhes as qualidades — mesmo as mais íntimas. É dissecá-las e perscrutá-las em seu interior. É arrancar-lhes os segredos. Conhecê-las é penetrá-las com o olhar de nosso entendimento.

§36 Se por si são apropriadas ao nosso uso, com o conhecimento, disso nos apercebemos. Se por nós, pelo nosso fabrico, é que são apropriadas, conhecemo-las como o criador conhece sua criatura.

§37 E se penetramos ou transpassamos cada uma delas em particular pelo nosso conhecimento, ele também abarca todas elas, apreendendo-as em suas relações de proximidade e distanciamento.

§38 Apreendemos que uma coisa está aqui e outra está lá; que esta nos poderá oferecer este serviço e aquela, aquele outro.

§39 O lá, o aqui, e se quisermos, o acolá, estão a indicar posições.

§40 São, as posições, mutuamente referenciadas. Definem-se nesse complexo de relações.

§41 Nele qualificam-se posicionalmente as coisas.

§42 Qualificando as coisas, o complexo de referências é uma ordem.

§43 Temos essa ordem pelo nosso conhecimento. Transpassa essa ordem o nosso conhecimento.

§44 E se não é tudo que das coisas conhecemos[7], em geral sabemos o suficiente para integrá-las em nossos próprios processos de recriação[8].

§45 Deixam de ser, assim, exterioridades. Nossa atividade envolve-as, também as toma e as penetra: apreende-as.

§46 Esse continente de coisas que temos apreendidas é nomeado também de espaço.[9]

---

[7] Foi acrescentado: "e da ordem em que se encontram".

[8] Aqui se acrescentou: "Tomamos as coisas por esses processos; internalizam-se neles".

[9] O trecho foi suprimido.

§47   É o espaço dos corpos.

§48   É o espaço da nossa relação com os corpos, da nossa *co*-existência com eles.

§49   Não mais um vazio, não mais a simples inexistência das coisas:

§50   A existência das coisas, a coexistência com elas — a ordem da nossa existência com elas.

§51   Os lugares que ocupam não são mais um simples impedimento ou obstáculo não são mais, também, um simples envoltório que define este ou aquele espaço[10].

§52   Os lugares que ocupam são agora lugares referidos a outros lugares.

§53   Está isto aqui e nos presta ou pode nos prestar este serviço; está aquilo ali, prestando-nos ou podendo prestar-nos aquele serviço; e aquilo outro está acolá, prestando-nos ou podendo prestar-nos aquele outro serviço.

§54   Temos as coisas.

§55   E é livremente que as temos. É nosso comportamento, ao tê-las, livre.

---

[10] A frase "não são mais, também, um simples envoltório que define este ou aquele espaço", não aparece no texto de 2003.

§56   Nós as temos por ações onde agimos por e para nós mesmos.

§57   Precisamos delas, temos necessariamente de tomá-las. Não somos livres delas enquanto elementos necessários à nossa criação e recriação[11].

§58   Somos, no entanto, livres no interior da relação que estabelecemos com elas.

§59   É essa relação definida e estabelecida por nós. Somos nós que as selecionamos, transformamos e a elas atribuímos lugares. E tudo isto fazemos nos tempos que são os nossos tempos, submetendo assim também a sua temporalidade à nossa.

§60   É essa a nossa liberdade de afirmarmo-nos sobre as coisas. Somos livres para tanto. Podemos fazê-lo e fazê-lo só depende de nós.

§61   É ainda uma liberdade negativa, de negação da contrariedade das coisas. Mas não é mais a liberdade no vazio.[12]

§62   É ainda uma liberdade negativa. Mas essa negatividade é, ao mesmo tempo, uma afirmação: negamos uma negação, impondo uma afirmação. Afirmação aqui é negação de negação. É ainda uma negação de negação que se faz afirmação.

---

[11] A frase "criação e recriação" foi substituída por "existência".

[12] No ensaio publicado em 2003 o conteúdo do §61 ao §64 foi substituído por: "É já uma liberdade positiva: negação da independência das coisas e afirmação do nosso poder sobre elas. Não é mais a liberdade no vazio".

§63   A negação é uma negação da contrariedade que eram as coisas. A afirmação é a nossa, a de nós mesmos sobre as coisas. O que assim temos é a afirmação de nós mesmos pela negação delas.

§64   Assim as coisas se fazem nossos objetos.

§65   É a liberdade na posse.

§66   É a liberdade no ter.

3. Interação e unidade

§ 1   Termina a coisa a nossa ação.

§ 2   Essa terminação é uma *de*-terminação das coisas. Determinam ao pôr um "termo".

§ 3   Põem esse termo como contrariedade.

§ 4   O termo que põem é nosso limite.

§ 5   Esse limite é constituído pelo que nos é exterior, pelo que nos é estranho — pela coisa.

§ 6   São as coisas essa exterioridade, essa estranheza.

§ 7   Exteriores à nossa ação, determinando-a pela contrariedade que é essa exterioridade, são as coisas determinações exteriores, que *de*-terminam enquanto termo, que determinam como limite, que terminam contrariando, contrapondo-se como exterioridades.

§ 8   Podemos negar essa estranheza que é a coisa: aniquilá-la.

§ 9   Podemos fazê-lo simplesmente para suprimir a sua contrariedade, o limite que constituem.

§10   Podemos também fazê-lo consumindo-as.

§11   No caso da simples supressão, deixam de existir.

§12   Com o consumo nós as assimilamos, transformamos em nossa a sua substância.

§13   Com a supressão, negamos a determinação exterior que representavam.

§14   Com o consumo, quando as assimilamos, fornecem matérias determinadas. São tais ou quais matérias e não outras que esta ou aquela coisa nos fornece.

§15   Estão, as coisas, determinadas no que podem ou não nos oferecer.

§16   Dessa oferta, disso que podemos ter por essa oferta, depende a forma particular que damos à nossa existência. Se dispusermos desta particular substância seremos este ser determinado; se dispusermos daquela outra, aquele outro ser.

§17 Somos o que somos, na nossa íntima constituição — tal ou qual ser determinado — conforme as substâncias que nos ofertam as coisas.

§18 Determinam elas, assim, a nossa interioridade. À sua determinação exterior — ao pôr termo como limite —, acresce-se, pois, esta interior — ao definir os termos de nossa própria constituição.

§19 Temos assim uma relação afirmativa com elas. Ao aniquilá-las a relação era negativa.

§20 Em nosso uso, estão a nosso serviço. A nosso serviço, coexistem conosco.

§21 A *co*-existência é uma relação *inter*-ativa.

§22 Ao cortar, nos servimos de uma faca. Mas para que ela nos forneça seu serviço, por nosso lado, temos de fornecer-lhe a força motriz do movimento que realiza e aplicar essa mesma força de forma adequada às características particulares da faca específica que usamos. Um outro instrumento exigiria uma outra quantidade de energia, a ser aplicada de uma outra forma.

§23 Ao conduzi-lo em nosso uso, o instrumento determina nossa ação. Por sua própria conformação, ao fazermos uso dele, define a ação nossa particular de que necessita; prescreven-do-lhe mesmo uma forma bem determinada. Instrumentos há que solicitam a ação de nossas mãos, outros também de nossos pés, etc.

§24　E não é só esta ou aquela parte de nosso corpo que atua. Todo ele deve dispor-se de maneira determinada conforme lhe dita o instrumento: deve conformar-se com ele.

§25　Tal conformação, fazendo-se habitual, acaba por atribuir características peculiares ao nosso organismo. São estes e não aqueles músculos que se desenvolvem, são estas ou aquelas habilidades que se adquirem, etc.

§26　Convivemos com os objetos para que nos prestem um serviço. Este último define os instrumentos específicos que deverão realizá-lo. A definição dos instrumentos é consequência do serviço; a definição do serviço antecede a dos instrumentos.

§27　Entretanto, em geral, os instrumentos existem em função exclusiva deste ou daquele serviço. Existem muitas vezes para além do uso particular para que foram feitos e, mesmo neste, vêm demonstrar potencialidades que os habilitam para outros.

§28　Têm os instrumentos uma existência própria. São um conjunto ordenado de qualidades que transcende em geral cada um dos usos particulares a que se prestam.

§29　E estando disponível, esse feixe de potencialidades que são, a nós, apresenta-se um horizonte de possíveis realizações.

Definem eles, por si mesmos, esse horizonte; têm, em si mesmos, essa definição.

§30   Podemos apreendê-la e fazê-la nossa. Os instrumentos presenteiam-nos, assim, com um universo de possíveis realizações.

§31   Tal universo de possibilidades pode despertar nosso desejo; pode indicar-nos ou prescrever-nos formas para a nossa atividade de criação e recriação. A percepção de suas potencialidades reformula assim nossas próprias finalidades.

§32   A invenção e a utilização de um instrumento podem mesmo revolucionar todo nosso modo de vida.

§33   Para serem usadas, as coisas exigem, pois, o nosso serviço e a nossa adequação às suas características. Conformam ainda, por sua simples existência e pelo uso que delas fazemos, o nosso querer.

§34   São múltiplas em nós as determinações dos objetos.

§35   Exteriormente, como terminação de nossa ação, como limite.

§36   Interiormente, ao definirem nossa constituição interna pelas características das substâncias que nos fornecem. Determinam também uma certa disposição, uma certa conformação nossa particular[13].

---

[13] O trecho "Determinam também uma certa disposição, uma certa conformação nossa, particular" não aparece na publicação de 2003.

§37 E, interiormente ainda, reformulam nossas próprias finalidades.

§38 Não mais a simples *o*-posição e negação da oposição representada pelas coisas, mas a posição simultânea nossa e delas.

§39 São os objetos o que são por nossa criação e cuidados, e nós somos aquilo que as potencialidades de sua matéria[14] nos permitem ser, e isto tal como — na forma que — eles exigem.

§40 ***Com***-formamo-nos com eles. Nós e eles nos formamos como aspectos de uma única e mesma realidade.

§41 Não são as coisas, portanto, uma simples exterioridade que observamos, desejamos e consumimos. Nós as temos como meios necessários à nossa existência e, como tais, elas vêm a nos determinar. Não as temos simplesmente; em parte, nós as somos.

§42 E se delas podemos nos distinguir, é só porque podemos substituí-las em sua particularidade. Se somos por meio do traje que trajamos, podemos sê-lo com este traje particular ou também com aquele outro. Substituímos este por aquele.

§43 A nossa relação com uma coisa particular qualquer nunca é absolutamente necessária; mas o é a nossa relação com os

---

[14] Acrescentou-se: "e de sua forma".

objetos em geral. Substituímos um alimento determinado por outro — esta habitação por aquela outra — mas não podemos deixar de nos alimentar com algum alimento[15], ou de habitar alguma habitação[16].

§44 E o que somos, nós o somos pelo alimento particular que nos alimenta e pelo abrigo determinado que nos abriga. Nossa existência não é indiferente ao fato de sermos abrigados por este e não aquele abrigo, como também de sermos alimentados por este alimento em lugar daquele.

§45 Não somos simplesmente; somos sempre sob uma forma particular. A particularidade é um atributo essencial de nossa existência. E, a particularidade, a temos através das coisas.

§46 Somos, pois, necessariamente com elas. Constituímos unidade onde interagimos, produzindo o que somos e o que são elas.

§47 Somos o que somos por vestir este traje que é o nosso, e este é o que é por ser nosso[17].

§48 Não mais a simples liberdade de ter: a liberdade de ser.

§49 A liberdade de definirmos o ser determinado que somos.

---

[15] Acrescentou-se: "este ou aquele".

[16] Incluiu-se: "esta ou então aquela".

[17] O texto do §47 foi deslocado para adiante (veja nota 18).

§50   É afirmativa essa liberdade — duplamente afirmativa: afirmamos o nosso ser e afirmamos o ser das coisas.[18]

---

[18] Acresceu-se neste ponto: "Somos o que somos por vestir este traje e ele é o que é por ser o nosso traje". Dando seguimento, foi incluído um quarto tópico, *Exterioridade Pertinaz,* que aqui é apresentado no *Apêndice 1.*

II. DA PROPRIEDADE[19]

1. A cidadela[20]

§ 1   Não podemos conceber nossa existência sem as coisas, em um vazio indeterminado. Podemos sim fazê-lo sem a presença de outra pessoa.[21]

§ 2   Outra pessoa significa uma outra vontade, uma outra vontade que também quer sua liberdade. E quer sua liberdade afirmando-se sobre as coisas.

§ 3   Quando concebemos nossa existência sem os outros[22], é essa outra vontade e sua liberdade que excluímos.

§ 4   Negamos a existência dessa outra vontade. Negamos sua existência como coexistência conosco.

---

[19] Este ensaio serviu de base para o segundo capítulo de *Espaço, propriedade, liberdade,* cujo nome é *Domínio.*

[20] Também este subtítulo foi alterado para *Exclusão.*

[21] Tem outra redação: "O que eu sou não é o que tu és; nem somos o que ele, algum outro, que não nós mesmos, é. Somos seres particularizados, individuados. Assim nos definindo, excluímo-nos mutuamente. Uma pessoa é diferente da outra; exclui a outra."

[22] Substituído por: "quando excluímos os outros".

§ 5   Desfaz-se o nós. [23]

§ 6   Constituem-se um eu e um tu, um ele.

§ 7   Desfaz-se o nosso.

§ 8   Constitui-se o meu, o teu e o dele.

---

[23] O trecho do §5 ao §24 teve o conteúdo substituído por: "Não há simplesmente um nós. Há um eu e um tu; havendo um terceiro, um ele. Não há meramente um nosso; mas um meu, um teu, um dele. São as minhas coisas, o meu; o teu são as tuas; as coisas dele, as de um terceiro. Em relação às nossas coisas, somos senhores absolutos. Nós as submetemos à monarquia de nossas vontades. Sobre elas — as minhas, as tuas, ou as coisas dele — nenhuma outra vontade se afirma, senão aquela mesma minha, aquela tua mesma ou aquela dele mesmo: a dos outros que não a de cada um de nós mesmos, é excluída. No que é meu ou no que é teu ou dele, a resistência das coisas está anulada, estando elas subordinadas às nossas particulares determinações, abrigadas e obrigadas sob nossa vontade, subjugadas como partes do que somos. São nossa propriedade — coisas que nos são próprias. Excluem-se as particularidades que somos ao excluírem-se as monarquias materiais de nossas vontades. Temos o nosso próprio mundo como monarquia de um único sujeito, como existência de uma única vontade — e não mais do que uma única vontade. Cada um desses mundos dizemos ser nossos espaços. Digo o meu e tu dizes o teu espaço. Excluímo-nos pela exclusão de nossos espaços. Em relação à totalidade das coisas, cada um desses espaços é tomado como a nossa parte — o nosso lote: uma parcela do mundo domesticada sob a autoridade do nosso querer particular. Assim, não é o mundo a simples totalidade indiscriminada das coisas. É a somatória das minhas coisas — aquilo que é discriminado como meu — com as tuas coisas — aquilo que é discriminado como teu —, somando-se ainda o que é discriminado como sendo de um terceiro. O mundo, o mundo de todos nós, é uma somatória de propriedades, de espaços privados. Fragmentado é o mundo. Não é uma única e simples totalização. É uma totalidade, mas só como agregado de partes autônomas ou autárquicas; cada uma delas existindo por uma e para uma única vontade particular. Cada uma é império de uma única vontade — império pessoal onde alguém, com exclusão de todos os demais, faz de si o que é por meio daquilo que é seu."

§ 9   O meu são as minhas coisas, aquelas com que completo minha existência; também o teu são as coisas tuas.

§10   Eu, em relação às minhas, ou tu, em relação às tuas, somos senhores absolutos: nós as temos submetidas à monarquia de nosso eu. Sobre elas, as minhas ou as tuas coisas, nenhuma outra vontade se afirma senão aquela minha ou aquela tua: a do outro está excluída.

§11   Nisso que é meu, ou nisso que é teu, está a resistência das coisas superada; estão elas subordinadas às minhas ou às tuas determinações, abrigadas por um lado, mas também obrigadas sob a minha ou a tua vontade.

§12   Subjugadas estão as coisas como partes do que somos. São nossa propriedade; são coisas que nos são próprias. Fazem, elas, parte do que somos.

§13   E o que sou eu agora não é o que tu és, nem somos o que ele é. Somos seres particularizados, individuados.

§14   Excluem-se as particularidades que somos.

§15   Excluem-se essas particularidades ao excluírem-se as monarquias materiais de nossas vontades.

§16   Temos, cada um de nós, o nosso próprio mundo como monarquia de um único sujeito, como existência de uma única vontade e não mais do que uma única vontade.

§17   Cada um desses mundos dizemos ser nossos espaços. Digo o meu, e tu dizes o teu espaço.

§18   Excluímo-nos pela exclusão de nossos espaços.

§19   Em relação à totalidade das coisas, cada um desses espaços é tomado como a nossa parte — o nosso "lote" — uma parcela do mundo domesticada sob a autoridade do nosso querer particular.

§20   Assim, não é mais o mundo a totalidade indiscriminada das coisas; passa a ser a somatória das minhas coisas com as tuas e com as dele: uma somatória de propriedades, de espaços privados.

§21   Fragmenta-se o mundo. Não é mais uma totalidade única; é totalidade como agregado de partes autônomas.

§22   São autônomas as partes, cada uma das partes existindo por si mesma.

§23   Cada uma dessas partes é império de uma vontade: império onde a pessoa portadora dessa vontade tem sua vida realizando-se, fazendo-se real.

§24   Temos nossa realidade em nossa propriedade.

2. A invasão e o conflito[24]

§ 1   Um outro sujeito rompe as barreiras defensivas de nosso espaço e nele vem postular direitos que tínhamos exclusivamente como nossos[25].

§ 2   Alguém vê em nossas coisas aquilo que quer como seu, ou então, tendo-nos como quem poderá lançar-se sobre seu próprio espaço, pretende nos debilitar através da destruição de nossas condições objetivas de existência. Pensa, por exemplo, em tomar nosso alimento, quer porque dele precise, quer para assim nos privar da alimentação.

§ 3   Deve, para isso, romper nossas defesas[26], e as técnicas a que poderá recorrer são capítulo que não desenvolveremos.

§ 4   Rompidas nossas defesas[27], ele[28] está em nosso território.

§ 5   Neste, estão as coisas dispostas conforme a vontade que o constituiu e mantém, ou seja, a nossa vontade. Entre as coisas, o livre espaço para esta mesma vontade, por onde circulamos em liberdade.[29]

---

[24] Foi alterado para *Conquista*.

[25] Acrescentou-se ": uma invasão".

[26] A palavra "exteriores" foi introduzida.

[27] Também neste ponto foi incluída a palavra "exteriores".

[28] No lugar da palavra ele: "o invasor".

[29] Este trecho não aparece na publicação de 2003.

§ 6   Com a presença do invasor, altera-se o quadro[30].

§ 7   Não mais a monarquia de uma única vontade. São duas vontades que agora têm para si um mesmo espaço.

§ 8   Há uma titular e outra invasora.[31]

§ 9   Esta última se faz presente, de início, nos vazios onde não
encontra resistência alguma (as defesas exteriores já foram superadas).

§10   Isto, no entanto não lhe basta: quer como objetivo que justifica
os riscos de sua empresa, quer como simples recurso para
sua própria sobrevivência, deverá lançar mãos dos objetos,
destes mesmos objetos que, apesar de sua presença, são ainda
nossos objetos.[32]

---

[30] Foi introduzida a expressão: "de exclusividade".

[31] Em vez disso: "Há uma, que antes era sua titular exclusiva, e outra, a invasora."
A seguir, na versão de 2003, foi intercalado o trecho que aqui compõe o terceiro
capítulo, *Confronto e subordinação*, do §7 até o final, com algumas modificações,
como assinalamos adiante; depois, é retomada a sequência de ideias aqui apresentada a partir do §10, que lá passa a compor o terceiro subtítulo, denominado
A participação dos objetos.

[32] Em seu lugar: "Ao invadir nosso território, o invasor enfrenta-nos; mas não só.
Além de nossa presença, depara-se com aquilo que é nosso, os objetos de que se
constitui o território que ele invade. Caso permaneçamos por lá, terá de confron-
tar-se com as coisas que conosco estejam contribuindo em nossa resistência. Acaso
tenhamos partido, terá, mesmo assim, de enfrentar o que tendo sido nosso foi deixa-
do para trás. Tais coisas, por serem ou por terem sido nossas — quer estejamos presentes ou não — far-lhe-ão frente. Com nossa presença ou mesmo sem ela, estarão
lá tal qual foram configuradas e dispostas por nós".

§11   Defronta-se o invasor com nossos objetos. E nesse enfrentamento terá dupla dificuldade.[33]

§12   Deverá enfrentar as determinações próprias dos objetos: sua resistência natural, sua dureza, etc. — todo o conjunto de qualidades que possui, por exemplo a madeira, e que terá de encarar, o nosso invasor, como tantos obstáculos a serem superados.[34]

§13   Mas não se restringem a isto as suas dificuldades. Não são coisas quaisquer que ele deverá tomar, mas as nossas coisas. Não uma árvore qualquer ou a madeira simplesmente, mas a mesa que é a nossa mesa. [35]

---

[33] Em seu lugar: "Por isso, no que diz respeito a seu trato, o invasor terá uma dupla dificuldade".

[34] Na versão de 2003 lê-se em vez disto: "Deverá enfrentá-las como às coisas em geral. Sua resistência natural, sua dureza, etc. — as qualidades de que se constituem —, podendo ser-lhe úteis, não o serão sem que sejam também, em maior ou menor medida, obstáculos a serem vencidos".

[35] Em seu lugar: "E, ao quê, acrescentar-se-á uma outra dificuldade. Não são coisas quaisquer que ele deverá subjugar e tomar para si, mas coisas até agora exclusivamente nossas; não quaisquer coisas — simplesmente — mas isto ou aquilo, até agora nosso objeto". E adianta as ideias do §18 ao §21: "Estavam as coisas submetidas à nossa vontade antes de sua chegada e mesmo que ele venha a se afirmar sobre nós pessoalmente, simplesmente por isso, aquilo que era nosso antes dele, não deixará de sê-lo tão facilmente. Em relação ao que até então foi nosso, a princípio, levamos nós a vantagem; pois, no que tínhamos como nosso em anterioridade à sua presença, inscrevemos as nossas próprias determinações. Ainda que nos vença, subjugue ou expulse, por nós — junto a nós, ou mesmo em nossa ausência — agem as coisas. Nelas como que se encontra escondida a nossa pessoa. Quem quer que queira apossar-se delas terá de penetrá-las, desfigurá-las, talvez até mesmo destruí-las; tudo dependendo do quanto nelas estejamos de fato presentes, de quanto com elas formemos corpo. Se elas forem propriamente nossas, se efetivamente fizerem parte de nós, não será por nossa mera retirada que deixarão de sê-lo e quem quer que queira dominar nosso território terá, necessariamente, de destruí-las para afirmar-se".

§14   E o atributo que tem o objeto de ser nosso não é coisa que lhe seja exterior. Tem o objeto, inscrita em sua própria constituição, a marca da nossa posse. A nossa mesa, por exemplo, não é uma mesa qualquer; é uma mesa de determinada altura — conforme nossa estatura — de determinado comprimento e largura — adequados a nossos usos —, etc. [36] Foram os objetos criados para a nossa satisfação e não podem prestar qualquer serviço, mas só aqueles inscritos em sua própria constituição.

§15   Poderá o invasor ter necessidades iguais às nossas e assim, *grosso modo*, em nosso domínio encontrará tudo o que for necessário para satisfazê-las, já que nós, antes dele, aí as satisfazíamos. [37]

§16   Se não for assim, se precisar atender outras necessidades que não aquelas que tem em comum conosco — se as tiver diferenciadamente em relação a nós, mesmo que só parcialmente —, terá ele que criar os seus próprios objetos. Fará isto adaptando os nossos a seu uso ou fazendo deles simples meios para a criação *ex novo* dos seus.[38]

---

[36] Na versão de 2003 o texto continua de outra forma: "Antes da presença do invasor, estavam lá os objetos para nossa satisfação e não deviam prestar quaisquer serviços, mas só aqueles de nosso interesse e, para tanto, estavam dotados de qualidades determinadas, inscritas em sua própria constituição."

[37] Em vez disso: "Quem penetre nosso território poderá ter necessidades que sejam iguais às nossas e, em relação a essas necessidades, deverá encontrar o que lhe seja necessário, já que nós, antes dele, lá as satisfazíamos".

[38] Em seu lugar: "No que não for assim, se precisar atender outras necessidades que não aquelas iguais às nossas — se as tiver diferenciadamente, mesmo que só parcialmente —, terá ele que dar conta de vir a ter seus próprios objetos. Fará isso adaptando os nossos a seu uso ou fazendo deles simplesmente meios para a criação dos seus".

§17   Terá, pois, de trabalhar, submeter as coisas à sua vontade.[39]

§18   Estavam elas submetidas à nossa que a precedeu. A sua afirmação sobrepõe-se, assim, à nossa. E, a princípio, levamos nós a vantagem, pois nas coisas inscrevemos as nossas determinações, em anterioridade da sua presença.

§19   Assim, ainda que não nos enfrente diretamente, ainda que não nos façamos presentes para expulsá-lo, por nós agem as coisas. Nelas como que se esconde a nossa pessoa — seu criador.

§20   Terá de penetrá-las, desfigurá-las, talvez até mesmo destruí--las; tudo dependendo do quanto nelas estejamos presentes, de quanto com elas formemos um único corpo, um mesmo ser.

§21   Se elas forem propriamente nossas, se formarem efetivamente parte do nosso corpo, terá necessariamente de destruí-las para afirmar-se.

---

[39] Acrescentou-se: "fazê-las adequadas ao seu serviço". A seguir, o texto do §18 ao §21, cujas ideias já foram apresentadas (veja nota 35), foi substituído por: "Em face dessas dificuldades, o intruso poderá talvez usar de um recurso. No território que quer como seu, além de nós mesmos — que podemos ainda resistir — e das nossas coisas — em nossa companhia ou sem ela —, haverá ainda uma porção não ocupada: um vazio, aquela ou aquelas porções de espaço onde nem nós nem nossas coisas estaremos presentes. Para ele talvez seja mais fácil começar por aí — pelo vazio —, evitando a nós mesmos e às nossas coisas. Se vier a ocupá-lo todo, sitiar-nos-á dentro de nosso próprio território. Isto, no entanto, ainda que lhe sirva, não lhe basta. Como objetivo que justifica os riscos de sua empresa ou como simples recurso para sua própria sobrevivência, deverá efetivamente nos vencer e lançar mão aos nossos objetos. Acabará por ter de defrontar-se conosco e com eles".

§22 Do ponto de vista das coisas, a situação[40] talvez possa ser considerada dramática. Divididas estão entre duas vontades, cada uma delas tentando configurá-las a seu modo. Ora são dispostas desta forma, ora daquela. São solicitadas a este serviço e também àquele outro, que se contrapõe a este. Não têm mais um único senhor, que se lhes roubava a liberdade, por outro lado, fornecia-lhes a participação na serenidade da ordem que criara.[41] Agora, divididas pelo conflito entre senhores que reivindicam sua posse, não só se encontram sem liberdade, mas também sem a possibilidade de serenarem sob o arbítrio de qualquer um deles.

§23 O espaço perde sua serenidade. Desestabiliza-se a ordem material.

§24 Na disputa pelos objetos, o invasor poderá fazer-se vitorioso; e isto sem necessitar se confrontar diretamente conosco. Poderá vencer-nos por meio exclusivo da sua relação com os objetos; roubar-nos a posse deles e assim nos privar dos meios necessários à nossa conservação.

§25 Se por um lado[42], ele invasor tem de enfrentar a resistência de nossa presença inscrita nas coisas, por outro, poderá lançar mão de um resíduo de indeterminação nossa nas coisas[43]; pro-

---

[40] Acrescentou-se: "dada pela presença simultânea de nossa vontade e de uma outra também".

[41] Acrescentou-se: "Se de um lado estavam obrigadas, de outro, estavam também abrigadas em uma certa ordem".

[42] O trecho passou a ser antecedido por: "Pode mesmo neles encontrar aliados".

[43] Em vez de "um resíduo de indeterminação nossa nas coisas" temos "do resíduo não atingindo por nossas determinações".

curar tomar para si as coisas a partir daquilo que nelas não havíamos, antes de sua presença, feito propriamente nosso. O alimento já preparado segundo o nosso gosto exclusivo em nada lhe servirá. Ao contrário, aquele que se encontra sob a forma bruta prestar-se-á, a ele que o usurpa, adequado ao preparo.

§26 É, fundamentalmente, a partir desse resíduo que poderá, o invasor, fazer seus os objetos e assim privar-nos de seu uso.[44]

§27 Inverte ele os termos da situação[45]. A vontade antes titular[46] perde a posse que tinha sobre as coisas. Resta-lhe[47] tão só os vazios onde nada há que lhe possa servir em sua necessidade de matérias[48] com que se realizar.

§28 Como que se abrem as portas para que a vontade, antes titular, abandone seu[49] antigo território.

§29 A este apresenta-se a perspectiva de serenar sob o império de um outro querer.

---

[44] Este trecho foi removido.

[45] Difere: "Vencendo-nos na tomada de posse de nossos objetos, invertem-se os termos da relação".

[46] Intercalou-se: "a nossa".

[47] Acrescentou-se: "se ainda permanecer presente".

[48] E foi acrescentado: "e instrumentos".

[49] Foi alterado para: "abandonemos nosso".

3. Confronto e subordinação[50]

§ 1   Podem os sujeitos beligerantes enfrentar-se diretamente.

§ 2   Não mais o conflito mediado pelos objetos, mas o confronto de pessoa a pessoa.

§ 3   De um corpo contra outro corpo.

§ 4   De uma mente ante a outra mente.

§ 5   A luta destas pessoas em si escapa ao tema destas considerações.

§ 6   Seu desfecho volta a nos interessar.

§ 7   Pode o conflito resolver-se pela simples expulsão, por uma mera exclusão.

§ 8   Um dos sujeitos exclui o outro do espaço disputado para estabelecer em sua plenitude o domínio de sua própria vontade. A monarquia do seu eu volta a afirmar-se, assim, sem que o outro precise ser objeto de qualquer consideração mais

---

[50] Nesse ponto, no ensaio *Espaço, propriedade, liberdade*, o seguimento do texto é dado por duas novas partes, o Capítulo III, *Condomínio* (veja Apêndice 2), seguido por uma *Observação final* (veja Apêndice 3). Na publicação de 2003, o texto deste terceiro capítulo que vamos ler a seguir, *Confronto e subordinação*, como vimos, apareceu antes, no segundo subtítulo *Conquista*, no Capítulo II, *Domínio*.(veja nota 31).

cuidadosa ou respeitosa. A vontade que ele, o outro, era é sumariamente suprimida pela negação de sua presença.

§ 9   Uma e uma só vontade volta a reinar com absoluta exclusividade. O espaço que fora abalado, desestabilizado, reflui para a situação primitiva com a expulsão das forças inimigas que nele se haviam implantado[51]. Reconquista-se o território.

§10   Nem sempre, no entanto, o desfecho é tão simples.

§11   O agente estranho pode, para que a paz se estabeleça, exigir para si uma parcela do espaço que se disputa, e muitas vezes assim se resolve o conflito: divide-se o espaço.[52]

§12   De um se fazem dois territórios, ou mais, conforme[53] decidam os agentes beligerantes.

§13   O que caracteriza estas duas primeiras soluções, a da expulsão e a da divisão, é que com elas nada se constitui que venha a ser diferente de uma autoridade exclusiva de um único sujeito.[54]

---

[51] Foi acrescido: "ou do antigo titular de sua posse. Conquista-se ou".

[52] Difere: "O agente estranho, não podendo assenhorar-se de todo o território e, ao mesmo tempo, não sendo obrigado a retirar-se, pode reivindicar para si só uma parcela do que se disputa; ou ainda, aquele que teve seu espaço invadido, face à potência das forças invasoras e alguma força sua também, pode contentar-se só com uma parte do que antes possuía. Divide-se o espaço disputado".

[53] Prossegue assim: "quantos sejam e o que decidam os agentes beligerantes".

[54] Difere: "Tanto com a expulsão como com a divisão nada se constitui que venha a ser diferente de uma autoridade exclusiva. Com a simples expulsão, ainda que haja uma mudança de senhorio, este permanece sendo único".

§14 Com a divisão, o que ocorre é simplesmente a multiplicação de uma mesma situação. Em cada um dos espaços resultantes do processo de divisão, nada se pode observar senão a mesma monarquia da única vontade[55]; cada uma das novas realidades repetindo, portanto, conceitualmente a primitiva.

§15 Com a simples expulsão, não só no conceito, mas no próprio fato persiste a situação primeira[56].

§16 Pode o conflito resolver-se sem que haja exclusão — pela expulsão ou separação —, encontrando, os contendores, formas de convivência[57].

§17 É forma de convivência — uma das formas de convivência — a relação de dominação-subordinação.[58]

§18 Subordinar um outro a mim mesmo é colocá-lo a serviço de meus próprios fins.

§19 Mas como posso, por exemplo, colocar uma outra vontade a serviço da minha própria vontade, se essa vontade,[59] não se coloca outro fim senão o seu próprio?

---

[55] Desapareceu a frase: "Em cada um dos espaços resultantes do processo de divisão, nada se pode observar senão a mesma monarquia da única vontade".

[56] Suprimido.

[57] Em vez de "formas de convivência" lê-se "formas pelas quais possam conviver".

[58] A redação difere: "Uma forma de convivência dá-se pela subordinação de um ao outro".

[59] Incluiu-se: "como a minha".

§20   Isto pode se dar pela coerção, ou seja, pelo uso da força: obrigo o outro a fazer aquilo que eu quero que ele faça.[60]

§21   Mas mesmo na coerção, tenho de levar em consideração que não sou eu que irei controlar suas próprias faculdades. Elas são seu monopólio exclusivo e nisto se encontra a dificuldade. Pois, sendo assim, para poder colocá-las a meu serviço tenho de contar com a sua colaboração. Não posso deixar de considerar o poder de determinação que tem sobre si mesmo. Tenho de levá-lo a colocar suas faculdades a meu serviço.[61]

§22   Com a coerção, o que faço é ameaçá-lo de danos caso ele se recuse a fazer uso de seus próprios órgãos tal como eu lhe determino. Tudo passa a depender do meu poder de causar-lhe danos, assim como de sua capacidade de evitar que eu o faça.[62]

§23   Coagido, está com sua vontade negada. Não é esta que domina seus órgãos e faculdades. Anulou-se. Persiste no outro, subjugado, somente um poder de determinação limitado ao controle do desempenho do funcionamento de seus órgãos, sem que neste desempenho mesmo encontre o outro, que está em atividade, a realização de suas finalidades ou interesses. Está

---

[60] A redação é outra: "Uma primeira opção é dada pela coerção, ou seja, pelo uso da força — a dos músculos ou a da inteligência. Pela força ou pela ameaça de seu uso, obrigo o outro a fazer aquilo que eu quero que ele faça".

[61] Excluído.

[62] Outra redação: "Faço com que se coloque a meu serviço, ameaçando-o de danos caso ele se recuse a fazê-lo. Tudo passa a depender do meu poder de causar-lhe males, assim como de sua capacidade de evitar que eu o faça ou, ainda, de sua condição de suportá-los".

em atividade para nós, não para si próprio. Tem essa atividade sob controle; é ele mesmo que cuida de sua atividade, tem sob si o funcionamento de seus órgãos; mas estes, ao estarem em atividade, estão nela para nós, não para ele.[63]

§24　Movimenta, o escravo, seus braços e pernas, locomove-se; é atividade, é movimento. E quem determina essa atividade — que esta perna deve fazer este movimento e que este braço deverá mover-se desta ou daquela maneira — é o próprio escravo; ninguém senão ele mesmo. Esse seu poder é absoluto e inalienável.[64]

---

[63] Em vez disto, o texto prossegue com: "Além da coerção, posso usar da astúcia, fazendo com que acredite esteja realizando seus fins quando, na verdade, são os meus que realiza. Posso ainda de outras maneiras fazer com que lhe seja necessária a tarefa de minha utilidade. Posso levá-lo a isso por sua necessidade econômica, pelo que seus valores lhe ditem como obrigatório, pelo receio de sanções nesta vida ou mesmo em outra. Subjugado, a meu serviço, está com sua vontade negada na determinação livre de seus fins. Ao estar em atividade, passa a estar nela para mim, não para si. Mas mesmo podendo coagi-lo ou envolvê-lo nos ardis de minha inteligência colocando-o a meu serviço, preciso levar em consideração que não serei eu que, diretamente, irei controlar e aplicar suas próprias faculdades ou habilidades. Persiste no outro subjugado o poder de determinação do funcionamento de seus braços e pernas. O uso de suas habilidades é seu monopólio exclusivo".

[64] Em vez disso: "Movimenta-se o escravo, locomove-se: é atividade. E quem tem controle sobre essa atividade — quem faz com que sua perna faça um determinado movimento e que seu braço mova-se desta ou daquela maneira — é o próprio escravo. Ninguém poderá determinar seus movimentos senão ele mesmo. Ainda que subordinado, o outro não deixa de se fazer valer como vontade efetiva no controle daquilo que lhe é mais próprio: seus nervos e músculos, suas demais faculdades. Nisto se encontra a nossa principal dificuldade; pois, sendo assim, para poder colocar suas potencialidades a nosso serviço teremos de contar com sua participação. Ele deverá colocar aquilo que é seu a nosso favor; isto por meio de um poder que é só seu. Precisa haver uma espécie de colaboração por parte daqueles que subordinamos. Seu poder de controle direto de si mesmos é absoluto e inalienável".

§25 Subordiná-lo é, pois, subordinar exatamente esse poder.[65]

§26 Utilizar as forças e habilidades de um outro não é servir-se de seus órgãos e membros diretamente. Não tomamos diretamente seus músculos e colocamos sua força a nosso serviço. Tem, o outro, controle exclusivo sobre esses músculos que são seus[66]. O que fazemos, ao subordiná-lo, é fazer com que ele mesmo coloque a força desses músculos[67] a nosso serviço.

§27 Devemos, para subordinar sua força, contar com uma colaboração. Deve ele dispor a nosso favor do poder que tem sobre o que é o seu corpo, sobre o que são as suas potencialidades. Há uma espécie de colaboração por parte daqueles que subordinamos.[68]

§28 Agimos, portanto, ao subordiná-lo, diretamente sobre esse seu poder e só indiretamente sobre seus membros e órgãos[69].

§29 Com a coerção, agimos sobre seu poder de autodeterminação de modo a fazer-lhe necessária a tarefa de nossa utilidade e sem utilidade para ele.

---

[65] Suprimido.

[66] Em vez de "colocamos sua força a nosso serviço. Tem, o outro, controle exclusivo sobre esses músculos que são seus", apenas "fazemos uso deles".

[67] A expressão "a força desses músculos" foi substituída por "a sua força e as suas potencialidades".

[68] Suprimido. Na edição de 2003 a ideia é apresentada antes, veja nota 64.

[69] Não "seus membros e órgãos", mas "sua atividade".

§30   Fazemo-la necessária por meio de obrigação. Fazemos com que fique obrigado a ela.

§31   Podemos, em vez da coerção, utilizar a persuasão. O mecanismo da persuasão implica fazer com que o outro tenha como seus próprios fins, finalidades que, por sua vez, são meios para nossas próprias finalidades. Subordinamos um outro pela persuasão quando subordinamos seus fins aos nossos, e assim fazemos de seus fins nossos meios.

§32   Quer pela coerção ou quer pela persuasão, o conflito entre as vontades resolveu-se pela subordinação de uma à outra. [70]

§33   Com a subordinação nega-se uma vontade. Passa esta a ser objeto da outra. Uma vontade é afirmada; outra se anula; afirma-se uma única. Mais uma vez a monarquia, absoluta, uma única vontade. [71]

---

[70] Os textos dos §32 e §33 foram substituídos por: "Podemos deixar ao outro alguma margem de satisfação na afirmação de seus próprios fins. Assim talvez possamos contar com sua boa-vontade. Poderá realizar seus fins; mas só na condição de que realizá-los seja também a realização dos nossos próprios fins. Os seus fins serão realizados só se, ao realizá-los, nós, por nossa parte, estivermos realizando os nossos. Alimenta-se o escravo, deseja fazê-lo, precisa fazê-lo. Assim, podemos obrigá-lo a servir-nos se tivermos controle sobre sua alimentação ou o que quer que seja ele tenha como necessário à sua sobrevivência, física ou intelectual, mesmo emocional. Nesse controle, só lhe ofereceremos o objeto de sua demanda em troca de seu serviço para nossa finalidade. Agimos sobre o poder de autodeterminação de uma pessoa quando lhe fazemos necessária a tarefa de nossa utilidade, quando fazemos com que fique obrigada a ela".

[71] Em seu lugar: "Com a subordinação de uma vontade à outra, passa uma a ser meio para a outra. Uma e outra podem afirmar-se, mas só uma o faz incondicionalmente; a afirmação da outra passa a ser função da satisfação da primeira".

APÊNDICE 1

Exterioridade pertinaz

A coisa se faz objeto de nossa ação, subordina-se a ela. Com a relação de subordinação, define-se um sujeito e um objeto. O sujeito pratica a ação; o objeto padece a ação do sujeito. A ação é um atributo do sujeito; o objeto é seu predicado. O sujeito é ativo; o objeto, passivo. O sujeito está atuando; o objeto, na atividade do sujeito. O objeto está na atividade do sujeito subordinando-se a ela. Define-se a subordinação do objeto ao sujeito por participação: participa o objeto da atividade do sujeito. A atividade é do sujeito. Está em atividade para si, para a realização de seus fins. Estando o objeto na atividade do sujeito, lá está para a finalidade do sujeito. É o sujeito para si; o objeto não é para si; é para outro — para o sujeito.

Existe o objeto para nossa finalidade, para a finalidade do sujeito. Existe para o sujeito estando junto dele. Só pode existir para o sujeito se com ele estiver. A existência para o outro só é possível na coexistência com ele. Não pode o objeto servir o sujeito sem que exista com ele no serviço que lhe presta.

A existência para o sujeito é às vezes evanescente: aniquila o sujeito aquilo de que se serve. O alimento não mais existe depois do alimentar. A matéria consome-se. Mas há objetos que não se consomem de uma só vez, sobrevivendo, portanto, a uma série de atos de apropriação parcial. É, por exemplo, o caso da maioria dos instrumentos de que nos servimos. Aniquilam-se eles também, mas gradativamente, lentamente. Dizemos que se desgastam. Há objetos que nunca são totalmente aniquilados. Trata-se mesmo do caso da maioria deles. O nosso consumo deixa deles sempre um resíduo: aquilo que, ao esgotar-se a sua utilização, será descartado.

Nesse resíduo revela-se algo que, na coisa consumida, não foi objeto de nossa apropriação, algo de que o sujeito não se apropriou. Esta parcela de impropriedade que contém o objeto em relação ao sujeito — isto que ao final do consumo resta enquanto material inapropriado e que, como tal, é descartado — é alguma coisa que o objeto tem propriamente como sua.

A matéria residual ao consumo é separável do objeto pelos atos mesmos de nosso consumo. Pelo consumo separa-se do objeto a matéria descartável. Anteriormente ao consumo, isto que por ele separou-se estava em unidade com as demais partes do objeto. Aquilo que a nós se apresenta no deflagrar dos atos pelos quais nos apropriamos de um objeto qualquer é um todo. Reúne esse todo aquilo que será assimilado por nós e também aquilo que não será. A matéria assimilável na maçã envolve aquela que não é. Uma e outra se apresentam reunidas no todo que é a maçã.

Assimilável é aquilo que convertemos em nossa substância própria. No processo alimentar da maçã é assimilável a polpa. No mesmo processo, não assimilamos o talo e as sementes. Não encontramos, no entanto, a polpa sem que traga consigo um talo e também as sementes: é esta unidade que é a maçã. E sendo esta unidade, este todo, só podemos tê-la enquanto tal. Se queremos a polpa, devemos ter o talo e as sementes. A polpa que desejamos traz consigo o talo e as sementes que não desejamos. Há, pois, nos objetos que consumimos uma ganga.

Às vezes essa ganga está visível desde que tomamos o objeto em nossas mãos para consumi-lo. Imediatamente vemos nele aquilo que restará como resíduo. Às vezes essa ganga só se torna visível no final do processo. Tanto em um caso como outro trata-se de um tipo de resíduo que acabamos por efetivamente ver, ainda que só ao fim do consumo. É visível e palpável ao menos como resultado. Acabamos por ficar à frente de algo que descartamos e, ao descartá-lo, nós o tomamos com as mãos, nós o vemos. Aquilo que descartamos como inassimilável e por isso desprezível é algo que conhecemos. É esta ou aquela matéria, com uma específica qualificação, o que tomamos com as mãos para lançar fora, para lançar ao monturo dos resíduos.

Na apreensão do que temos como ganga, entretanto, nosso conhecimento é parcial: ele não define, em geral, mais do que uma impropriedade. Todo o conjunto de informações que temos a respeito do que descartamos limita-se quase sempre ao juízo apropriado-i-napropriado. E esse juízo de propriedade ou impropriedade, desde logo, é passível de alteração; quer porque venhamos a descobrir qualidades no que tínhamos como descartável que o faça a nossas vistas adequado às nossas necessidades, quer porque estas últimas alterem-se. Por uma razão ou por outra, podemos passar a valorizar o que antes desprezávamos. A variabilidade desse juízo, por si só, demonstra sua precariedade, fazendo-nos entender que passamos a ver o que não víamos, mostrando-nos a parcialidade do nosso conhecimento pela revelação do que ele não abarcava.

Isto não acontece só com aquela matéria que resta não assimilada e visível ao final do consumo. Mesmo no que assimilamos há algo de residual ao nosso conhecimento. Em geral, não sabemos exatamente o que assimilamos, nem como o assimilamos. Temos a carne como alimento; nós assimilamos a carne. Mas o que é a carne e como a comemos? É verdade que temos condições de muito dizer a este respeito. Mas quem o faria simplesmente para alimentar-se? Normalmente, não nos detemos para conhecer mais profundamente as matérias que absorvemos e nem os processos através dos quais o fazemos. Também aqui nosso conhecimento limita-se ao juízo apropriado-inapropriado. Também aqui a variabilidade desse juízo demonstra a sua parcialidade, quando não sua falsidade.

Ao ter as coisas como objetos, nós negamos sua condição de exterioridade absoluta; nós as conhecemos, nós as transformamos e assimilamos. Mas não é que sempre o façamos de modo a tê-las totalmente apropriadas ou internalizadas em nossos próprios processos. Em geral, guardam elas algo que permanece exterior, algo que persiste como uma estranheza. Revela-se essa estranheza quando acontece algo que não desejamos. A madeira apodrece, o ferro enferruja, o fruto deteriora-se; o alimento provoca distúrbios no organismo; a vegetação cresce tomando espaço que não devia. Mecanismos produzem efeitos inesperados; o instrumento machuca o corpo; coisas aquecem ou esfriam contrariando nossas expectativas. De muitas maneiras pode nos objetos aparecer um aspecto não desejado. Os objetos, por si mesmos ou por consequência de seu uso, revelam algo que nos havia escapado, algo que nos passara despercebido: um resíduo onde eles permanecem independentes — exteriores ao nosso conhecimento, inapropriados pelo nosso querer.

Algo nos objetos acaba por alhear-se da relação que estabelecemos com eles; escapa às nossas determinações. É algo de exterior, exterior às nossas determinações. Mas ao mesmo tempo, é essa exterioridade interior aos objetos com os quais nos relacionamos. É algo que têm como seu. É uma parte de si, um elemento de sua constituição. Interior aos objetos e estranho para nós, o que chamamos de resíduo, é assim uma íntima estranheza — algo de estranho com que intimamente convivemos ao convivermos com os objetos. É algo estranho próprio à intimidade das coisas com que coexistimos.

APÊNDICE 2

Condomínio

Convivendo com um outro, posso tê-lo também como fim. Não preciso vê-lo como necessariamente e exclusivamente subordinado a meus fins. Posso estar com ele vendo nele também um fim em si mesmo. Seus fins podem ser meus fins como fins dele mesmo e não meus, estando entre meus fins a realização dos seus.

Se quero conviver com ele, viver com ele em um mesmo lugar — cuidando dele como um fim em si mesmo — devo preocupar-me com que tal convivência seja possível em termos de as coisas estarem arranjadas de modo tal que possam ser úteis a mim e a ele também. Algumas coisas serão minhas e também dele; outras, sendo minhas, não serão dele ou, sendo dele, não serão minhas. Tanto umas como outras deverão estar a nosso serviço, ao meu e ao dele também.

Tê-las em comum integralmente é impossível. Eu e ele nunca poderemos usar uma mesma coisa ao mesmo tempo. Mesmo quando dizemos fazer uso simultâneo e solidário de algo, quando nos vemos junto com alguém mais dispondo de alguma coisa, tal coisa, sendo una, é tomada por nós como sendo um todo divisível, um e outro se apropriando de parte dela — só de parte, não do todo. Quando nos sentamos junto a uma mesma mesa, eu tomo para mim um lugar, alguém outro, um outro. Não nos sentamos em um mesmo lugar; não utilizamos uma mesma porção da mesa. Desfrutamos de um mesmo espaço, de um mesmo lugar, de um mesmo objeto; mas nesses desfrutes apropriamo-nos de frações determinadas e exclusivas do espaço ou dos objetos. Estar junto a alguém é sempre só uma vizinhança. O alimento comum posto sobre a mesa, para que se preste à sua função de efetivamente alimentar, terá de, por fim, ser tomado como objeto de um processo alimentar individual e excludente. Não há a possibilidade de uma simples comunidade de bens.

Nesse sentido, algumas coisas acabam necessariamente por ser minhas; outras acabam por ser tuas. Mas o que venha a ser meu pode não se esgotar com meu uso. Tendo eu feito uso de algo, poderá tal coisa persistir em sua existência e vir a ser objeto de teu uso. O que está sendo meu agora será teu logo mais ou vice-versa. Posso saber que assim acontecerá ou que poderá assim acontecer e, para isso — preocupado que estou com a realização de teus interesses, interessado em teu próprio bem —, posso, assim pensando, cuidar para que no meu uso das coisas não se esgotem nelas as potencialidades para o teu uso. Não consumo o alimento todo; não danifico um instrumento ou faço com que fique inadequado a teu serviço. Deixo que as coisas persistam nas qualidades que sejam próprias à afirmação da tua pessoa, não as exaurindo em meu consumo ou atribuindo-lhes características que façam delas meus objetos exclusivos. Respeito nelas a tua pessoa. Quando me envolvo com algo que, por outro lado ou em outro aspecto, esteja ao mesmo tempo sendo por um outro utilizado, cuido para que o meu movimento e o movimento da própria coisa — por mim podendo ser determinado ou influenciado — não venham a prejudicar o do outro, harmonizando-se com ele. Assim fazem mutuamente os remadores dando ritmo a seus movimentos e, em geral, todos aqueles que fazem uso ao mesmo tempo de partes ou aspectos inter-relacionados de um instrumento ou de uma máquina.

Em um espaço que seja meu e também teu, as coisas, sendo nossas, existem como objetos para nosso serviço; mas lá assim estando, não deixam de, quando não imediatamente utilizadas, apresentar-se como possíveis obstáculos a nossas ações. Estão lá e não é por não estarmos fazendo uso imediato delas que deixem de existir. Persistem em sua presença mesmo quando não utilizadas. É preciso que nessa sua presença não se constituam em obstáculo. E se junto de outro que para mim seja um fim em si mesmo, estou, é preciso que uma disposição de coisas que seja a mim útil na realização de meus fins não lhe seja obstáculo para a realização dos seus. Não posso largar as coisas em qualquer lugar sem que me preocupe com não poderem estar prejudicando seus movimentos e seu modo de viver. Tenho de respeitá-lo nas coisas, não só cuidando para que elas possam depois de meu uso permanecer úteis ao seu ou para que o meu relacionamento com elas não impeça o seu, mas também zelando para que não se constituam em obstáculos à sua liberdade de desfrutar de seus próprios movimentos. Uma cuidadosa disposição dos objetos pode propiciar tal liberdade; uma descuidada, prejudicar.

Em um espaço que seja comum, que seja meu e também de alguém mais, posso ter coisas minhas — só minhas — e o outro, coisas suas — só suas — como também podemos ter o que seja meu e também dele ou dele e também meu. As minhas coisas, para serem propriamente minhas precisam estar a meu dispor — preciso tê-las à mão — e da mesma maneira com o outro. O que seja dele e também meu, igualmente, precisa estar ao nosso comum dispor. Precisamos, eu e ele, poder vir a estar junto do que seja nosso para dele fazer uso efetivo; até mesmo para simplesmente mantê-lo e preservá-lo. Não há o que possa ser propriamente nosso se o acesso a ele não nos for possível. Ter algo é necessariamente também ter acesso a ele. Se eu e outro tivermos coisas que sejam nossas, para que efetivamente as tenhamos, precisamos, eu e ele, ter por parte do outro o cuidado de não nos obstruir o acesso a elas. Preciso deixar os caminhos do outro desimpedidos; assim como ele os meus. Nossa liberdade de ir e vir até o que seja nosso precisa estar assegurada.

Assim como o meu conviva por si mesmo poderá fazer de si este ou aquele sujeito determinado conforme aquilo de que disponha, posso eu também cuidar dele fazendo com que possa fazer uso de certas coisas e não outras, de uma determinada maneira e não outra. Tendo-o como fim em si mesmo, posso acreditar que, na disposição que eu venha a dar aos objetos, esteja fazendo-lhe o bem e que nada melhor do que isso poderia eu lhe fazer. Mas tenho de, a princípio, perguntar-me se lhe seria mesmo um bem que eu — ainda que só com a preocupação de fazer-lhe bem — pudesse, por mim mesmo e sem ele, definir para ele qual seria o bem que seria o seu. Talvez ele possa entender que o seu maior bem seja poder ele mesmo, por si mesmo, cuidar do que para si venha a ser o bem. Talvez entenda não lhe seja propriamente um bem o que quer que seja o tenha como quem haja abdicado de um bem que seria seu bem maior: o de poder por si mesmo definir o que lhe seja o bem e, assim, determinar em liberdade o que queira fazer de si; mesmo em relação a mim, com quem convive e que, possa ele mesmo entender, só lhe deseje o bem.

Se o outro com quem convivo entender que lhe seja um bem poder definir como queira o que seria seu próprio bem, é preciso que, ao cuidar das coisas e da disposição espacial onde convivemos, eu zele por preservar-lhe esse específico bem — a sua liberdade. Para isso, não procurar nos objetos imprimir a minha pessoa, distinta da dele, e não procurar também neles imprimir mesmo aquilo que eu, por minha parte, possa entender viesse a ser-lhe um bem. A liberdade sendo-lhe um bem, não procurar determiná-lo através das coisas —

como até sei que posso: deixar que ele mesmo, por si mesmo, defina para si o que lhe faça bem.

Para convivermos com alguém mais — tendo-o como fim em si mesmo — é preciso, pois, respeitá-lo nas coisas em seu poder de autodeterminação de si mesmo; respeitar as coisas enquanto algo que lhe possa ser próprio — parte de si mesmo — e respeitá-lo ainda em sua liberdade de ir e vir até o que possa ser seu.

APÊNDICE 3

Observação final

As considerações precedentes são meramente ensaísticas. Podem vir a ser verdadeiras, pois concebíveis, sem que, simplesmente por serem concebíveis, sejam verdadeiras. Talvez não seja desnecessário relembrar:

"Não basta aceitar a existência de determinado objeto e considerar as consequências de semelhante suposição. Longe disso; precisarás, ainda, admitir a não-existência desse mesmo objeto, se te importa exercitar-te como convém. — Aonde queres chegar? [...] — Caso te declares de acordo [...] exemplifiquemos com aquela hipótese de Zenão: se existir o múltiplo, quais serão as consequências tanto para ele, em relação com ele mesmo e com o Uno, como para a unidade, em relação com ela mesma e com o múltiplo? E no caso de não haver múltiplo, voltar a considerar as consequências para a unidade e para o múltiplo, assim em suas relações recíprocas como nas de cada um consigo mesmo. Desenvolve idêntico esforço partindo da hipótese de que a semelhança existe ou não existe, sobre as consequências desses pressupostos, tanto para os termos admitidos como para as outras coisas, nelas mesmas e em suas relações recí-

procas. Igual raciocínio valerá para o dissemelhante, para o movimento e o repouso, para o nascimento e a destruição, o ser e o não-ser em si mesmos. Numa palavra: em tudo o que supuseres como existente ou não existente ou como determinado de qualquer modo, será preciso examinar as consequências resultantes, primeiro, para o próprio objeto, e depois, relativamente aos outros: começarás por um, à tua escolha; depois vários, e por último todos. A mesma coisa farás com esses outros, tanto em suas relações recíprocas como com o objeto admitido de cada vez por ti como existente ou não existente, caso queiras exercitar-te com perfeição e, assim, discernir a verdade em sua plenitude. — É imensa a tarefa [...] que me impões [...]" *(Parmênides* em PLATÃO, Parmênides, *135e-136c).*

IMPRESSO
SOB
DEMANDA